# VIE

## DE LA BIENHEUREUSE

# EMELINE

## D'YÈVRES (Diocèse de Troyes)

PAR

M. l'Abbé Ch. LALORE

Professeur de Théologie au Grand-Séminaire de Troyes

TROYES

IMPRIMERIE ET LITHOGRAPHIE E. CAFFÉ

Rue du Temple, 27

—

**1869**

# VIE

## DE LA BIENHEUREUSE

# EMELINE

---

## I.

### NAISSANCE DE LA B. EMELINE.— SES HISTORIENS.

---

Quelle fut la naissance de la B. Emeline ? D'où était
sorti cet astre qui brilla d'un éclat si doux pendant le XII<sup>e</sup>
siècle, dans le diocèse de Troyes ? Nous l'ignorons. Jusqu'à présent, les historiens ne répondent à cette question
que par le silence ou par de pures hypothèses, quand ils
ne tombent pas dans des erreurs insoutenables. Desguerrois, s'appuyant sur quelques paroles énigmatiques de
Dom Royer, prieur de Boulancourt, avance que la Bienheureuse aurait été mère de sainte Asceline (1), et il est
suivi par Courtalon (2). C'est une erreur évidente, car les

---

(1) *La Saincteté chrestienne*, fol. 327 r°.— (2) *Topographie*, t. II, p. 66.

documents contemporains appellent irrévocablement la B. Emeline *Virgo Christi;* rien dans la tradition antique ne fait soupçonner la parenté de ces deux saintes, et d'ailleurs la B. Emeline vécut à Perthe Sèche, tandis que la mère de la B. Asceline suivit partout sa fille, qui ne fut jamais converse, et ne put conséquemment habiter la grange de Perthe-Sèche. Des historiens ont confondu, sans plus de raison, la B. Emeline avec la B. Hombeline (1); la première, en effet, fut ensevelie et honorée à Boulancourt, et la seconde vécut à Jully-les-Nonnains, proche Ravières (2), où l'on vénérait ses reliques. Arthur du Monstier, dans son *Gynecœum* (3), prétend que la B. Emeline n'est autre que la B. Hombeline d'Amiens, dont parle Louis Jacob dans sa *Bibliotheca Carmelitana* (4); or cette dame illustre fut mère de Thibaut, archevêque de Rouen, et elle mourut vers l'an 1204, d'après la *Chronique* d'Albéric (5), tandis que notre Bienheureuse était morte dès l'an 1178. Une dernière hypothèse a été formulée par le P. Remy de Buck dans les *Acta Sanctorum* (6). Ce savant jésuite conjecture que la Bienheureuse aurait été fille de Simon Ier, seigneur de Broyes et de Beaufort (Montmorency, près Chavanges); mais toute son argumentation ne paraît guère reposer que sur une similitude de nom. Or, à cette époque, on trouve le nom d'Emeline porté nonseulement par la fille de Simon de Broyes, mais il est fort commun dans nos contrées au XIIe et au XIIIe siècle, comme on le voit en parcourant le cartulaire de l'abbaye de Boulancourt, dont nous avons signalé l'existence (7),

---

(1) Manrique : *Annales Cisterc.,* t. i, p. |140. — (2) Voir notre dissertation sur *Jully-les-Nonnains* et *Jully-sur-Sarce.* — (3) P. 426.— (4) T. ii, col. 279.— (5) P 426.— (6) T. xii, Oct. p. 395.— (7) Voir notre *Notice sur le Cartulaire de Boulancourt.*

La vie de la B. Emeline, inconnue de nos historiens troyens, a été écrite par un contemporain, le B. Gossuin. Henriquez retrouva cette vie, au commencement de laquelle on lisait : *Dominus Gossuinus ista retulit;* il l'édita dans le *Menologium Cisterciense.* La chronique de Clairvaux, de l'an 1147 à l'an 1178, attribue également à Gossuin une vie de la B. Emeline (1). Albéric de Trois-Fontaines nous apprend (2) que Gossuin, d'abord moine de Clairvaux, puis de Cheminon, mourut à Boulancourt en 1205. Le P. Remy de Buck a reproduit, avec des annotations, le texte de Gossuin (3). Nous avons été très-heureux de concourir à ce travail par quelques renseignements que nous avons fournis.

## II.

## LA GRANGE DE PERTHE SÈCHE SUR LE TERRITOIRE D'YÈVRES.

La B. Emeline vécut en qualité de sœur converse dans la grange de Perthe Sèche. Nous ne rappellerons pas ici l'origine des frères convers et des sœurs converses: ce point des origines monastiques a été amplement traité

---

(1) Opera S. Bernardi. t. viii, col. 1249, Migne.— (2) P. 432.— (3) Acta SS. t. xii Oct. p. 397, avec des corrections importantes p. 926.

par Mittarelli (1), par Mabillon (2) et par Manrique (3). La
grange de Perthe Sèche appartenait à Boulancourt, avant
même que cette abbaye de l'ancien diocèse de Troyes sur la
paroisse de Longeville, aux confins du village de Valenti-
gny, ne passât à l'ordre de Cîteaux en 1149. Dès le XII<sup>e</sup>
siècle, les propriétés des abbayes cisterciennes en parti-
culier étaient divisées en certains groupes, qui avaient
pour centre un établissement ou un bâtiment destiné à
l'exploitation agricole, et qu'on appelait *grange*; Lindvod
en fait la description (4). La plupart des granges cisterciennes exploitées au XII<sup>e</sup> siècle par des frères convers et
des sœurs converses, étaient de petites abbayes ayant leur
chapelle, leur dortoir et leur réfectoire. Cependant on ne
pouvait, sauf quelques exceptions, y célébrer la messe;
tous les frères et toutes les sœurs devaient se rendre à
l'abbaye chaque dimanche (5), et c'est là aussi qu'ils
étaient enterrés (6). C'est pour cela que les granges cisterciennes, d'après un statut de 1152, ne devaient pas être à
plus d'une journée de marche de l'abbaye (7). Le plus
ancien document, à notre connaissance, où il est fait mention de la grange de Boulancourt, appelée *Perthe Sèche* (8),
est la donation de l'abbaye même de Boulancourt à saint
Bernard par Henri I<sup>er</sup> de Carinthie, évêque de Troyes.
L'original de cette donation faite en 1152, existe aux ar-
chives de la Haute-Marne (9), mais le lieu de la grange
n'est pas désigné. Le Pape Adrien IV, dans la *Confirmation*

---

(1) *Annales Camaldul.*, t. I, col. 336.— (2) *Acta ordinis S<sup>ti</sup> Bened.*, secul.
VI, præfat. XI.— (3) *Annales Cisterc.* T. I, p. 29.— (4) Apud Ducange. *Glossar.*
v° Grangia. — (5) *Statut. gener. cisterc.* 1180. Apud Martène. Anecd. t. IV,
col. 1252.— (6) *Nomasticon Cisterc.*, p. 278, 499.— (7) Apud Martène, *Anecd.*
t. IV, col. 1244.— (8) Boulancourt possédait deux autres fermes du même nom :
Perthe en Rothières, au village de ce nom, et Perthe Aimon ou Édmond,
sur le finage de Montmorency et de Labrau.— (9) Boulancourt, 3<sup>e</sup> lias. sans
sceau, 19 lignes.

des biens de l'abbaye de Boulancourt, 7 Mars 1156, cite *la grange de Perthe Sèche près de Rosnay (Grangiam quæ dicitur Pertha Sicca propè Rosniacum)* (1). Il nous a été facile de préciser l'emplacement de la grange de Perthe Sèche, à l'aide du cartulaire de Boulancourt.

Perthe Sèche était située au finage d'Yèvres, sur le plateau qui porte encore le nom de *Haut de Perthe* ou *Haute Perthe*. Les derniers accroissements de la propriété de cette grange remontent à la fin du XIIe siècle. En 1187, Bertrand de Braux donne, sous le sceau de Manassès II, de Pougy, évêque de Troyes, une grande pièce de terre appelée *le Champ-Noumoie*. La même année, Barthelemy, chevalier de Crépy, ajoute huit journaux de terre qu'il possédait dans la même contrée. Enfin en 1196, Simon, chevalier de Chalette, et son frères Hugues, chevalier de Clereuil (Pars), accordent sur leurs terres le droit de pâturage pour les bestiaux de la grange de Perthe Sèche (2). Les limites de cette ferme sont faciles à reconnaître, parce qu'elles n'ont pas été déplacées. Nous les trouvons dans une sentence de Martin Séguier, doyen de la collégiale de Saint-Marcel, vice-gérant d'Eudes de Châtillon, cardinal, évêque de Beauvais, conservateur des priviléges de la Sorbonne, en date du 19 Janvier 1558 (v. st.), contre Nicolas Bourguignat, curé d'Yèvres. Telle était la plainte de ce dernier contre douze habitants d'Yèvres, fermiers de Perthe Sèche : « Ils cultivent sur le finage d'Yèvres » une ferme dite *la Perthe Sèche*, appartenant aux reli- » gieux de Boulancourt, contenant trois cents arpents

_____

(1) Archiv. Haute-Marne, Boulancourt, origin. 1re lias. nonis marcii indict. iv. ann. Me Co Lo Vo Hadriani, an ii. — (2) Voir à la fin, *note* sur la grange de Perthe Sèche.

» ou environ, et ils s'en arrogent les fruits sans en payer
» la dîme, dont voici les tenants et les aboutissants : te-
» nant d'une part, à savoir : au soleil levant, du côté du-
» dit Yèvres à Linard Carque, et tenant aussi à un chemin
» par lequel on va de Braux à Rosnay, et retournant par
» le grand chemin dudit Yèvres à Chalette, à un tertre
» qui est joignant la perrière dudit Yèvres ; d'autre part,
» à savoir : du soleil couchant à un tertre faisant la sépa-
» ration du finage dudit Yèvres d'avec celui de Rosnay
» et de Braux ; d'autre part, du côté du midi, aux terres
» du finage de Rosnay ; d'autre part, du côté du septen-
» trion, aux terres du finage dudit Braux, dont ils retirent
» tous les ans de grands fruits, sans payer la dîme (1). »...
Tel est le lieu illustré par les vertus de la B. Emeline,
comme nous l'apprend l'auteur de sa vie. La petite paroisse d'Yèvres n'a donc pas été oubliée par la provi-
dence, et nous sommes heureux de lui faire connaître
une de ses gloires.

Peut-être ici faudrait-il exposer le genre de vie des
frères convers et des sœurs converses dans les granges
cisterciennes, jusqu'en 1178 ; mais nous renvoyons nos
lecteurs à Manrique, qui rapporte les différents règlements de l'ordre de Citeaux sur ce point (2); d'ailleurs la
*règle des Convers de l'ordre de Citeaux* a été éditée par D.
Martène (3). On peut donc facilement se rendre compte
du genre de vie habituel de notre Bienheureuse; aussi
nous contenterons-nous de donner l'abrégé de sa vie par
le B. Gossuin.

---

(1) Cartul. Boulancourt, n. 667.— (2) *Annales Cisterc.*, t. I, p. 273. —
(3) *Anecd.*, t. IV, col. 1647-1652. Voir aussi: *Etudes sur l'état intérieur des
abbayes cisterc.*, par M. H. d'Arbois de Jubainville, p. 307.

### III.

## ABRÉGÉ DE LA VIE DE LA B. EMELINE,
## PAR GOSSUIN (1).

Nous avons connu une religieuse d'une mortification extraordinaire; sa vie était dure et toute de pénitence, ses actions étaient d'une sainte. Jeûnant régulièrement trois fois la semaine, sans rien prendre, elle s'abstenait entièrement de pain tout le temps de l'Avent et du Carême. Elle avait à même sur la chair un dur cilice; hiver comme été, ses pieds ne portaient jamais de chaussures. Une seule tunique lui suffisait par-dessus un simple vêtement d'étoffe grossière et un mauvais manteau. Elle portait une ceinture de fer armée de gros clous; elle la serra tellement qu'à la force le fer finit par disparaître entièrement sous la chair. Toujours en prière ou en travail, même en filant, elle s'occupait encore à méditer les psaumes. La médisance et les mauvais discours furent toujours l'objet de sa haine. Lorsque son nom et sa réputation se furent répandus dans la province qu'elle habitait, on lui faisait souvent des cadeaux de mets et de liqueurs, elle n'y goûta jamais.

D'une forêt voisine les corbeaux et les corneilles la troublaient souvent dans sa prière par leurs cris et leurs croassements répétés; elle leur commanda de s'en aller

---

(1) Traduction littérale.

plus loin et de la laisser servir Dieu en paix, et, lui obéissant, ils s'en allèrent (1). Elle avait reçu le don de prophétie. Quand des moines ou des frères convers livrés au vice ou à la vanité, désirant de faire le mal, ou même le faisant, paraissaient devant elle, aussitôt elle les reprenait sévèrement, et les adjurait d'être plus scrupuleux et de ne pas faire siéger le démon dans leur âme. Les seigneurs et les nobles qui demeuraient dans son voisinage la consultaient sur l'issue de leurs guerres et de leurs expéditions, s'ils y auraient du bonheur ou du malheur; et elle leur donnait réponse. Ainsi prédit-elle à un seigneur illustre, Simon de Beaufort, qui partait pour une expédition, qu'il y perdrait un de ses membres les plus chers; et en effet il y perdit un œil. Au lieu qu'elle habita, on voit aujourd'hui une grange de l'abbaye de Boulancourt, appelée *Perthe Sèche*. Elle fut enterrée dans l'église de l'abbaye et, jour et nuit, une lampe brûle sur son tombeau. »

## IV.

### ÉPOQUE DE LA MORT DE LA B. EMELINE.
### SON CULTE TRADITIONNEL.

D'après la *Chronique de Clairvaux* (2), notre Bienheureuse mourut vers l'an 1178 et, selon les règlements de

---

(1) Ce miracle est confirmé par la *Collecte* que Desguerrois retrouva *(Saincteté chrestienne*, fol. 327 r°.) — (2) Loc. cit. col. 1249 ad. an. 1178: *apud Berlencuriam sepulta est hoc tempore virgo Christi Emelina de quâ dominus Gossuinus quædam mira retulit.*

l'ordre, son corps fut transporté à Boulancourt, où il reçut la sépulture dans la chapelle des religieux.

De son vivant et surtout après sa mort, la B. Emeline fut l'objet de la vénération publique. Peut-être faudrait-il remonter à cette cause pour expliquer un fait qui nous a frappé en parcourant le cartulaire de Boulancourt, c'est qu'à partir de la fin du XIIe siècle, et pendant tout le XIIIe siècle, un très-grand nombre de femmes, qui font des donations à l'abbaye, portent le nom d'*Emeline*.

Dès l'an 1182, nous croyons entrevoir un signe probable du culte public rendu à notre Bienheureuse. En effet, Simon de Broyes, seigneur de Beaufort, fils de Simon Ier, seigneur de Broyes, le même à qui la B. Emeline avait prédit qu'il perdrait un œil dans un combat, donne à l'abbaye de Boulancourt, du consentement d'Agnès, dame de Ramerupt, sa femme, et de Hugues de Broyes, son frère, vingt sous de cens à Outines (Marne), dans l'ancien diocèse de Troyes, pour l'entretien d'une lampe (1). En 1185, Manassès II de Pougy, évêque de Troyes, déclare que cette même donation est pour le luminaire d'une lampe qui brûlera devant les restes mortels de sœur Emeline (2). Hugues II, comte de Réthel, et Félicité de Broyes, sa femme, fille de Simon, confirment cette donation en 1210, et fondent eux-mêmes une autre lampe pour la chapelle des religieuses, située à peu de distance de l'abbaye, avec cette clause « que si les religieuses quittent la mai-

---

(1) *Cartul. Boulancourt,* n. 96. Cette donation a pour témoins: Pierre, abbé de Clairvaux; Jean, abbé de Beaulieu; Aubert, abbé de la Chapelle-aux-Planches; Etienne de Ramerupt; Erard, comte de Brienne; Renard de Pougy et Martin de Beaufort, Chevaliers.— (2) Ibid. n. 97. André Duchesne a mutilé cette charte dans les *Preuves de la Maison de Broyes,* p. 21.

son, la fondation retournera à l'abbaye (1). » La même Félicité, dame de Beaufort, confirmait de nouveau (2) ces donations à la Saint-Martin 1230. Le B. Gossuin atteste, à la fin de la vie de la Bienheureuse, qu'il a vu cette lampe brûlant jour et nuit.

Pendant la durée du moyen-âge, le culte de la B. Emeline ne périt pas ; car en 1534, l'abbé Nicole Picard, de Hampigny (3), faisait restaurer à grands frais, dans l'église de l'abbaye de Boulancourt, le tombeau-autel dédié à la B. Emeline, Henriquez (4), Desguerrois (5), D. Martène (6) parlent de ce tombeau-autel, qui est ainsi décrit dans les mémoires manuscrits de Claude Guiton (7).

« Ce tombeau est placé du côte de l'Evangile, sous
» l'arceau de la basse voûte. Le rétable regarde le septen-
» trion, et le derrière regarde le maître-autel. Au devant
» de ce tombeau-autel, tout en peinture, sont le moine
» Gossuin, Emeline et Asceline, avec rayons de gloire, en
» habits blancs et noirs. Asceline, de la droite tient une
» grande palme, sur la gauche, un livre ouvert, écrit;
» Gossuin a la couronne monacale entière, ronde ; Eme-
» line, sur sa main droite, porte ensemble comme une

---

(1) Arch. Haute-Marne, origin., 1re lias. 2e part.— Cette charte a été mutilée par André Duchesne, ibid. p. 22, et par Jongelin, *Notitia abbatiar. cisterc.*, p. 65.— (2) Ibid. *vidimus* de l'an 1377. On voit par cette charte qu'en 1230 *la Maison des Dames* était encore habitée. — (3) Cfr. *Gallia Christ.*, t. xii col. 607, et notre *Notice sur le Cartulaire de Boulancourt.* Catalogue des abbés. On connaît sur l'inscription tumulaire de Nicole Picard, l'erreur de Camusat, (*Prompt.* fol. 350 v°,) et des auteurs de l'ancien *Gallia* (t. iv, p. 200), il fallait lire 1554 au lieu de 1504. C'est pour s'être appuyé sur la fausse date de 1504 assignée à la mort de Nicole Picard, que le P. Cupers (Acta SS. t. iv Augusti, p. 651), avance que l'autel de sainte Emeline ne fut pas restauré par Nicole Picard en 1534, mais au plus tard en 1504.— (4) *Lilia cisterc.* L. ii, p. 121.— (5) *Saincteté,* fol. 326 r°.— (6) *Voyage littéraire,* t. i, p. 96. — (7) Biblioth. imp. *Bouhier* 52. Claude Guiton, visiteur des maisons de l'ordre, passa à Boulancourt en Juillet 1744 et l'année suivante.

» couronne ou une roue. Ce devant d'autel est en co-
» lonnes et petites arcades de pierre ; à chaque bout est
» peint un religieux abbé et un religieux à genoux. Der-
» rière le rétable, qui est de bois, est représenté en pein-
» ture Notre-Seigneur ayant sous ses pieds une boule sur-
» montée d'une croix, étendant les mains. Deux anges, à
» côté, sonnant de la trompette. Au côté gauche, un abbé
» à genoux, plusieurs têtes sortant de terre. Au haut de
» cette peinture est écrit : *In hoc sarcophago, sub altari*
» *consecrato, recondita sunt ossa Gossuini, sanctæ Emelinæ*
» *et sanctæ Ascelinæ cognatæ sancti Bernardi pi Clarewal,*
» *abbis.* » Dans la relation de sa visite en Juillet 1734, il
parle ainsi du tombeau-autel en question : « Sur ce tom-
» beau même, on dit quelquefois la sainte messe. »

Les anciens martyrologes gardent le silence sur notre
Bienheureuse, mais on trouve son éloge dans le *Menologium cisterciense* (1) et dans le *Calendarium cisterciense*. Il
en est également fait mention par Arthur du Monstier (2),
Du Saussay (3), Bucelin (4), Sigismond Albert (5) et Here-
dia (6), sans parler de nos auteurs troyens.

Au commencement du XVIIᵉ siècle, Desguerrois retrouva une ancienne collecte ou oraison en l'honneur de
notre Bienheureuse. Cette collecte « dit que comme la
» Bienheureuse priait Dieu, des corneilles menaient du
» bruit de leur enroué ramage, elle leur commanda de se
« taire et ne la point interrompre de leurs cris importuns,
» ce que ces oiseaux firent. » (7) Gossuin raconte ce miracle, comme nous l'avons vu plus haut.

---

(1) Au 27 Octobre.— (2) *Gynecœum sac.*— (3) *Martyrolog. gallic.*— (4) *Me-
nolog. bened.*— (5) *Catalog. SS. Ordin. cisterc.*— (6) *De Vitis SS. Ordin. Su
Bened.*— (7) *Saincteté,* fol. 327 rᵒ.

Le culte de la **B.** Emeline doit donc être regardé comme immémorial. Or nous réclamons le bénéfice de deux décrets du pape Urbain VIII : dans le premier décret, en date du 13 Mars 1625, le pape déclare légitime le culte immémorial des saints, lorsqu'il repose seulement sur la tolérance du Saint-Siége ou même de l'évêque diocésain ; et dans le second décret, en date du 5 Juillet 1634, il déclare qu'il faut entendre par culte immémorial celui qui comprend le laps de cent années écoulées antérieurement au décret de 1634 (1).

Nous souhaitons que de plus amples découvertes viennent jeter un nouveau jour sur la vie de notre Bienheureuse, et compléter cet édifice pour lequel nous avons pu réunir seulement quelques pierres.

---

(1) Benedict. **XIV,** *De Canonisat. SS.* L. ii ad calc.

# NOTE SUR LA GRANGE DE PERTHE SÈCHE

I. — Ego Manassès, Dei gratiâ Trecensis episcopus notum facio... quôd Bertrannus de Braus dedit in perpetuam eleemosinam Deo et ecclesiæ B. M. de Bullencurt magnum campum suum, qui antè Pertam Siccam grangiam fratrum de Bullencurt, à viâ superiori quæ à Braus ducit ad Bethegnicurt usquè ad campos inferiores Fratrum de Bullencurt, et à vineâ de Pertâ Siccâ usquè ad terras militum sicut metæ inter eumdem campum et illas terras positæ determinant; à prædictâ quoque viâ superiori usquè ad campum Bartholomei militis de Crispiaco, totum scilicet campum, qui vocatur *Noumoia,* quem in alodio tenebat idem Bertrannus. Hoc donum laudavit Hersendis, uxor ejus et filii eorum, Stephanus et Radulfus et adversùs omnes homines tàm Bertrannus quàm uxor ejus et filii, sicut alodium per debitam justitiam garentire promiserunt.

Hujus rei testes sunt: Galcherus de Nogento, canonicus noster; Petrus et Odo, capellani nostri; Robertus, capellanus de Longavillâ; Erlebaudus de Alneto, miles.

*Actum est hoc anno incarnati Verbi* Mº Cº LXXXº VIIº (1).

II. — Ego Manassès, Dei gratiâ Trecensis episcopus, notum facio quod Bartholomeus, miles de Crispiaco et Margarita, uxor ejus, laude filii sui Galcheri dederunt in perpetuam eleemosinam ecclesiæ B. M. de Burlencurt octo jugera terræ antè Pertam Sic-

---

(1) Arch. Hᵗᵉ-Marne.— Original.— Boulancourt, 4ᵉ lias.— Cartul. n. 110.

cam grangiam de Burlencurt juxtà campum qui dicitur *Noumoia* quem Bertrannus de Braus dedit eidem ecclesiæ.

Hujus rei testes sunt : Galcherus de Nogento, canonicus noster ; Petrus et Odo, capellani nostri ; Elebaudus de Alneto, miles ; Robertus, capellanus de Longavillâ.

*Actum anno incarnati Verbi* M° C° LXXX° VII° (1)

III. — Ego Garnerius, Dei gratiâ Trecensis episcopus, notum facio quod Simon de Calateâ, et Hugo frater ejus, et Herbertus, sororius eorum, milites, concesserunt ecclesiæ Sanctæ Mariæ de Bullencort ordinis cisterciensis plenum usuarium pasturagii per totum finagium de Chalete omnibus animalibus quæ apud Pertam Siccam morabuntur. Hoc autem laudaverunt uxores prædictorum militum et eorum liberi.

Prætereà Hugo præfatus, laudante uxore suâ Odâ, concessit jàm dictæ ecclesiæ de Bullencort plenum usuarium per totum finagium de Clare (Pars) in pascuis omnibus animalibus quæ apud Pertam Haimonis morabuntur, et in aquis et circà, exceptâ piscatione.

Concessit quoque prædictus Hugo præfatæ ecclesiæ quidquid Bonellus presbiter impresentiarum possidet et adquisivit usquè ad hoc tempus in præfato finagio Clareii censum quoque domûs et mansionis suæ, ecclesiæ de Burlencort perdonavit.

Ego igitur Garnerius, Trecensis episcopus, hæc omnia laudo et approbo et sigilli mei impressione confirmo.

*Actum anno Verbi incarnati* M° C° XC° VI° (2).

Au commencement du XIVᵉ siècle, les religieux de Boulancourt ne pouvant plus exploiter leur grange par

---

(1) Archiv. Hᵗᵉ-Marne.— Original.— Boulancourt, 4ᵉ lias.— Cartul, n. 111.
(2)        d°           d°          d°          d°          d°     132.

eux-mêmes, la donnent à Aubert Chapons, de Plaisance, en 1317, par un bail emphythéotique, dont voici la teneur :

IV.— « A tous ceux qui les présentes lettres voieront... Renaut d'Yèvres, garde du scel à la Prévôté de Rosnay, salut. Sachent tous que par devant messire Nicolas de Rosnay, prêtre, et Jean de Soulaines, clerc, établis à Rosnay, vint Aubert Chappons de Plaisance, lequel reconnut avoir pris à titre de bail pour sa vie, des religieux de Boulancourt, Perte Sèche, ses dépendances, appartenances, vignes et terres, et ensemble 40 arpents de prés, assis entre le bois des Noués et la rivière du côté d'Hampigny, plus toutes les rentes en blés et avoines qu'ils ont à Rosnay, Magnicourt, Bétignicourt, Aulnay ; plus 40 moutrées de binches pour ladite grange, ou 40 sols pour lesdites binches ; à posséder tant qu'il vivra pour la somme de 330 livres tournois, payés et délivrés, et bien et dûment entretenir ladite grange, que, s'il faut des gros bois, les religieux les fourniront et ledit Aubert les fera charroyer, aussi bien que la tuile que lesdits religieux fourniront. Sera tenu ledit Aubert de maintenir à Jaquet de Beaufort le bail qui lui a été fait pour 6 ans de 48 septiers de froment et autant d'avoine. Après lequel terme il fera de ladite ferme comme bon lui semblera jusqu'à sa mort, alors tout rentrera à la maison, excepté que s'il mourait entre Pâques et la moisson, ses héritiers profiteront de la maison en payant les 48 septiers pour cette dernière année. Ils auront pour eux tous les fourrages, non-seulement les religieux fourniront aux héritiers la maison pendant tout le temps qu'ils lèveront leurs récoltes, ils leur prêteront encore granges et greniers jusqu'aux brandons suivants ; que, s'il meure entre la moisson et Pâques, pourront lesdits héritiers emblaver les terres, en payant comme dessus ; mais en tel temps que ce soit, la vigne leur rentrera dans l'état qu'elle sera au jour du décès, et leur garantiront lesdites terres exemptes de toute dîme et de toute charge, excepté de menue dîme et 6 septiers de waïn, et autant d'avoine par chacun an au prieur de Rosnay, à la petite mesure, et ladite ferme franche de toute hospitalité de l'ordre de Cisteaux et de sa génération, excepté le charroi de Clairvaux, en allant ou venant une fois l'an au haran. Alors les religieux fourniront l'avoine et ledit Auhert le restant.

Et promit ledit Aubert de tenir lesdites conventions : ce qui fut fait l'an 1317, le mercredi jour de fête de S. Laurent, au mois d'Août (1).

Les constructions de Perthe Sèche furent détruites pendant les troubles et les guerres qui désolèrent la Champagne et particulièrement les environs de Brienne et de Rosnay, dans la deuxième moitié du XIVe siècle, après la malheureuse bataille de Poitiers, où le roi Jean fut fait prisonnier. Dans le cours du XVe siècle le cartulaire ne fait plus mention que des terres de Perthe Sèche.

Nous avons vu par le procès entre le curé d'Yêvres et les religieux de Boulancourt en 1558, que Perthe Sèche contenait trois cents arpents; dans l'extrait du registre des ventes et aliénations des biens de l'abbaye de Boulancourt pour l'Etat, au XVIe siècle, on trouve mis en vente, le 12 Décembre 1588, « un gagnage situé à Yèvres et Rosnay, appelé *la Perthe Sèche,* consistant en 240 journels de terre labourable et 7 fauchées de pré. » (2)

On lit dans la déclaration générale des revenus de l'abbaye de Boulancourt, le 29 Avril 1692, relative au partage de ces biens en trois lots pour l'abbé, le prieur et le couvent : « le gagnage de Perthe Sèche à Yèvres, 18 l. » (3)— Quelques biens avaient été rachetés au commencement du XVIIe siècle, sous l'administration intelligente et active de l'abbé Etienne de Vienne.

---

(1) Titre original français contenant 31 lignes, sans scel.— Cartul n. 446.
(2) Cartul., n. 781.— (3) Ibid., n. 1006.

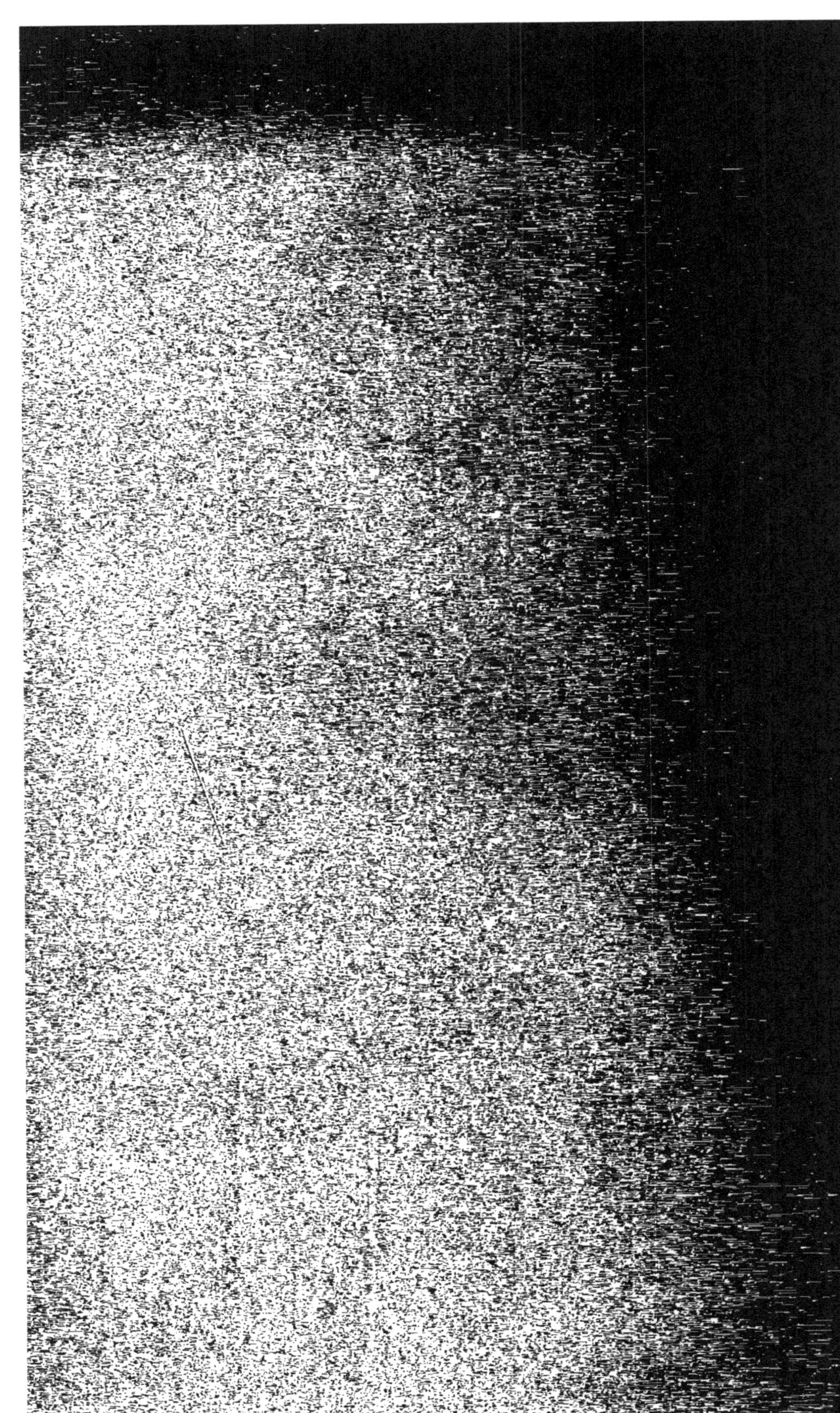

www.ingramcontent.com/pod-product-compliance
Lightning Source LLC
Chambersburg PA
CBHW061612050726
47595CB00007B/2912